LAS INUNDACIONES

Por Jennifer Howse

LIGHTBOX
openlightbox.com

Lightbox es una completa solución digital para enseñar y aprender temas curriculares de una manera original e innovadora. Lightbox se basa en las Normas Curriculares Nacionales.

CARACTERÍSTICAS ESTÁNDAR DE LIGHTBOX

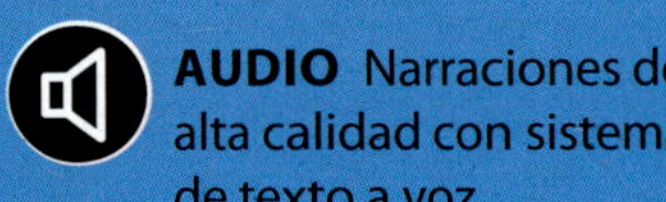
AUDIO Narraciones de alta calidad con sistema de texto a voz

ACTIVIDADES PDFs imprimibles que pueden enviarse por correo electrónico y calificarse

PRESENTACIÓN EN DIAPOSITIVAS Ilustraciones gráficas de los conceptos clave

VIDEOS Videoclips de alta definición incorporados

ENLACES WEB Enlaces cuidadosamente seleccionados con recursos seguros para niños

TRANSPARENCIAS Capas paso a paso de mapas, diagramas, cuadros y cronologías

MAPAS INTERACTIVOS Mapas interactivos e imágenes satelitales aéreas

CUESTIONARIOS Diez preguntas de elección multiple con puntaje automático que se envían por correo electrónico al docente para su evaluación

PALABRAS CLAVE Combinación de los conceptos clave con sus definiciones

Contenidos

Las inundaciones son uno de los desastres naturales más letales del mundo

Un desastre natural ocurre cuando se produce un cambio repentino en la tierra y el clima al mismo tiempo generando condiciones extremas. Estas condiciones pueden causar daños masivos y poner en peligro la vida de las personas y los animales. Los desastres naturales también pueden destruir la vegetación o cambiar para siempre el paisaje de una región. En el caso de las inundaciones, los efectos pueden ser muy graves y duraderos.

Las inundaciones son un desastre natural que se produce cuando un flujo de agua crece demasiado rápido y no llega a drenar correctamente. La tierra queda **sumergida** debajo del agua. Las **fluctuaciones** del agua de los ríos es algo que ocurre normalmente y es predecible. En los sistemas hídricos se espera que haya pequeñas inundaciones, como la inundación anual del río Amazonas, en América del Sur. Durante la época de las inundaciones, este río puede llegar a tener 50 millas (80 kilómetros) de ancho. Las plantas y animales de la selva se han adaptado a las inundaciones estacionales. La gente que vive cerca del río también se ha adaptado a la crecida y bajada temporaria habitual del río Amazonas. Pero, si el agua crece excesivamente en un período corto, se puede producir un desastre.

Las inundaciones frecuentes cerca del río Amazonas han enriquecido el suelo con nutrientes. Este suelo es muy productivo para la agricultura.

Durante una inundación, no es recomendable conducir por las zonas anegadas. El motor del auto puede detenerse dejando a los pasajeros atrapados en aguas profundas.

La mayoría de las inundaciones se producen por el exceso de lluvias

Se pueden producir inundaciones en cualquier lugar donde haya un cuerpo de agua, como un río, lago u océano. La dimensión o frecuencia de la inundación depende de diferentes condiciones. La mayoría de las inundaciones se producen por el exceso de lluvias. El agua se **evapora** de la superficie terrestre y pasa a la **atmósfera**. El agua forma nubes y luego vuelve a caer a la tierra como **precipitación**. Este proceso se denomina el ciclo del agua.

ALGUNAS CAUSAS DE LAS INUNDACIONES

CAUSAS NATURALES

- Demasiadas precipitaciones sobre un área en un período corto
- Deshielo de primavera que ocurre demasiado rápido por un clima cálido repentino
- Huracanes o tsunamis que generan una **marejada ciclónica**, donde los fuertes vientos empujan al mar hacia la costa.

CAUSAS HUMANAS

- Tala de árboles, que remueve los sistemas de raíces vitales a lo largo de las costas de los ríos
- La agricultura puede remover la capa vegetal, dejando expuesto al suelo, que **absorbe** menos agua y genera **escorrentía**.
- El crecimiento de pueblos y ciudades con superficies construidas por el hombre, como concreto o asfalto, que no absorben bien el agua

El agua se deposita en charcos, lagunas, lagos y ríos. Esto se llama agua superficial. Parte del agua es absorbida por la tierra. El agua que el suelo no absorbe corre por las laderas de las montañas hacia las zonas bajas. Estas áreas se llaman **cuencas**. La inundación se produce cuando los arroyos y los ríos tienen demasiada agua. El suelo no puede absorber más agua, entonces el nivel del agua crece y se desborda sobre la **llanura aluvial**.

Mucha gente ha muerto a causa de las inundaciones del río IJssel de los Países Bajos. Hoy, se ha construido una barrera para las marejadas ciclónicas que impide que el agua llegue a las zonas pobladas, evitando que las inundaciones sean catastróficas.

El segundo peor

Las inundaciones son el segundo peor desastre natural después de los tornados, por los daños que causan y las vidas que se cobran cada año.

$5 mil millones

En 2016, cayeron en Houston, Texas, 17 pulgadas de lluvia en menos de 24 horas. La inundación causó daños por 5 mil millones de dólares. (43,2 centímetros)

9 pies por segundo

Durante una inundación repentina, las aguas pueden moverse a 9 pies (2,7 metros) por segundo. A esta velocidad, el agua puede mover una roca de hasta 100 libras (45 kilogramos).

9 de cada 10

En un huracán, el viento no es el problema más importante. La veloz marejada ciclónica provoca 9 de cada 10 muertes relacionadas con los huracanes.

A veces las inundaciones pueden controlarse

Monitorear las áreas donde pueden ocurrir inundaciones es importante, pero también es difícil porque se pueden producir inundaciones en cualquier parte del mundo. Los científicos hacen un seguimiento de los patrones climáticos a largo plazo y del movimiento del agua sobre la tierra. Comprender estos patrones normales de los niveles del agua y el caudal del agua es vital ya que, si no se implementan sistemas de advertencia temprana, las condiciones de la inundación puede convertirse rápidamente en un desastre.

A veces, las inundaciones pueden **mitigarse**. Esto significa que, con el monitoreo y la planificación adecuada, las inundaciones se pueden controlar y se pueden reducir los daños. Para controlar las inundaciones se deben tomar mediciones de los niveles del agua y la velocidad de los caudales de agua con regularidad. También es importante trazar mapas de las vías fluviales. Estos mapas muestran cómo fluye la escorrentía y se deposita en ciertas áreas.

Un medidor del nivel del agua mide a qué altura está subiendo el agua por encima del punto donde comienza la inundación. Este medidor puede advertir a la gente que vive en una zona inundable, dándole tiempo para prepararse.

La planificación de las inundaciones implica evaluar el riesgo que representa construir o vivir cerca de vías fluviales. Esta evaluación tiene en cuenta cuánta agua podría caer en un año y cuánto tiempo puede pasar entre una inundación y otra. En 1930, el gobierno de los Estados Unidos comenzó un proyecto para controlar el desbordamiento del río Mississippi. Se instalaron sistemas de monitoreo. También se creo otro sistema para controlar el caudal del agua y se construyeron varios embalses, 29 **represas** y miles de millas (km) de **diques de contención**.

Los diques no siempre logran contener toda el agua de una inundación. En las inundaciones severas o muy largas, a menudo se debe extraer el agua del interior del dique por medio de bombas.

La presa de Coon Rapids, a lo largo del río Mississippi, fue construida en 1914. En 2015, la presa fue restaurada y se le colocaron compuertas de control que se suben y bajan para ayudar a evitar las inundaciones.

Los pantanos pueden evitar las inundaciones

Los **pantanos** naturales que se dan a lo largo de las vías fluviales son una de las mejores formas de evitar las inundaciones. Al pantano se lo puede llamar ciénaga, marisma, marjal o humedal. Los pantanos actúan como esponjas absorbiendo el excedente de agua y aumentando la cantidad de agua que puede contener el sistema fluvial. Contienen el agua que sobra y lentamente la vuelven a liberar al sistema fluvial. Este ciclo es la mejor prevención para las inundaciones.

Las cuencas hidrográficas son áreas donde el agua drena hacia los pantanos y atrapan el exceso de agua en las cabeceras importantes de los ríos. El agua se evapora directamente hacia la atmósfera o se libera lentamente hacia los arroyos de escorrentía, lo que también evita que los ríos se sequen.

En muchos lugares, los pantanos son hábitats protegidos y los dueños de las propiedades no pueden rellenarlos ni drenarlos. Si lo hacen, pueden tener que pagar severas multas y hacerse cargo de la reparación de los daños que sufran las propiedades de las demás personas si hay una inundación.

Muchas veces, la gente destruye los pantanos para construir casas y otras edificaciones a lo largo de los ríos. Estas áreas ofrecen acceso al agua dulce, tierra fértil y una vía de transporte para los barcos. Pero esto puede causar problemas cuando se destruyen demasiados pantanos. Al eliminar los pantanos también se elimina la protección natural contra las inundaciones que estos ofrecen. Una forma de evitar las inundaciones es crear más pantanos en áreas inundables. Los científicos deben tener cuidado al decidir dónde poner un pantano artificial. El lugar elegido debe permitir que el agua corra naturalmente y debe reducir la posibilidad de inundación en el futuro. Sin embargo, a menudo los pantanos artificiales no logran evitar las inundaciones como lo hacen los pantanos naturales.

Si bien las inundaciones pueden devolver los nutrientes al suelo, también pueden dañar cosechas como la de maíz.

Récords históricos

El hombre ha vivido a lo largo de las vías fluviales por miles de años. Entender los patrones de las fluctuaciones naturales del agua es una cuestión de supervivencia. En casi todas partes del mundo han ocurrido inundaciones importantes. Con frecuencia, estas inundaciones han tomado a la gente desprevenida provocando numerosas muertes y daños y destruyendo su entorno.

LA MÁS LETAL

En 1931, el río Amarillo de China rompió sus márgenes y mató a 4 millones de personas. Este río lleva **limo**. El limo se va acumulando en el fondo hasta que la altura del río supera la de sus márgenes. Así es como se desbordó el río Amarillo en 1931. Hoy, se utilizan diques de contención para tratar de impedir que el río sobrepase sus márgenes.

LA MÁS DESTRUCTIVA

Los Países Bajos tienen uno de los sistemas de control de inundaciones más avanzados del mundo. Esto se debe a su larga historia de inundaciones. Durante una intensa tormenta de 1287, se rompió un dique y murieron 50.000 personas. Fue una de las inundaciones más destructivas de todos los tiempos. Los registros históricos también muestran que esta tormenta se formó en el Canal de la Mancha y provocó daños y muertes en Gran Bretaña.

LA MÁS COSTOSA

Durante la temporada de los monzones, en Tailandia suelen producirse inundaciones. Desafortunadamente, la inundación de 2011 causó el mayor daño provocado por inundaciones desde 1900. La inundación comenzó en el norte de Tailandia en mayo y continuó hacia el sur hasta mediados de enero de 2012. Como consecuencia de este desastre, 65 de las 77 provincias de Tailandia quedaron bajo el agua. Murieron 815 personas y los daños materiales fueron de $40 mil millones.

LA MÁS RÁPIDA

La inundación de 1889 de Johnstown, Pensilvania, se produjo como resultado de la explosión de una presa. El deshielo se anticipó e hizo crecer las aguas que corrían por los ríos Conemaugh y Stony Creek. Cuando parte de la presa cedió, liberó una pared de agua de 30 pies (9 metros) de alto que se movía a 20-40 millas (32-64 km) por hora. Los 20 millones de toneladas (18 millones de toneladas métricas) rugían por todo Johnstown cobrándose la vida de 2.209 personas.

Las inundaciones más letales de los Estados Unidos

En todos los estados de Estados Unidos han habido inundaciones. En 2015, las inundaciones fueron el tipo de desastre natural más común en este país. En los últimos 30 años, ha muerto un promedio de 127 personas por año a causa de las inundaciones. De estas muertes, casi la mitad fueron de personas que quedaron atrapadas en sus vehículos y fueron arrastradas por el agua. Cada año, las inundaciones provocan daños millonarios a los edificios, calles y otras estructuras de todo el país.

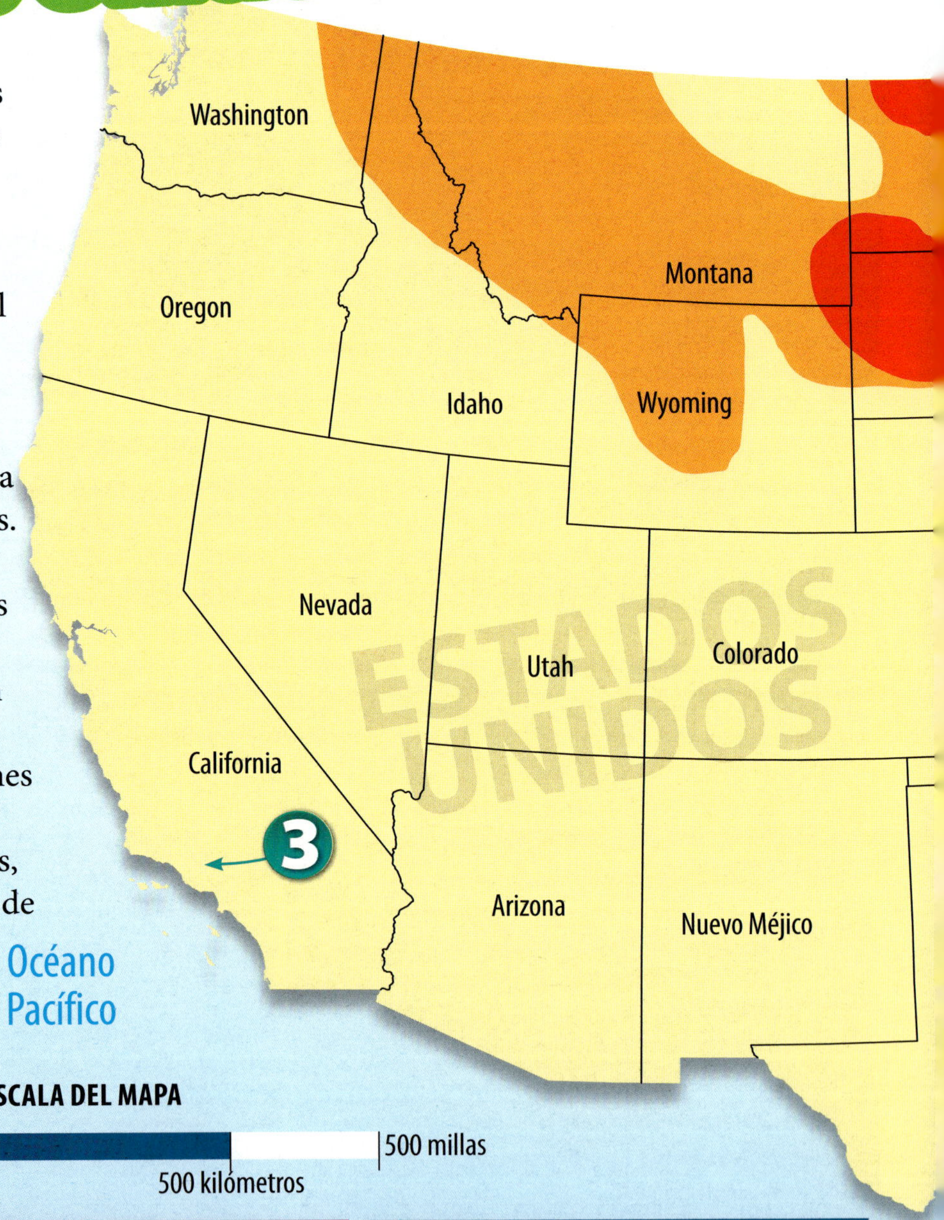

Washington
Oregon
Idaho
Montana
Wyoming
Nevada
Utah
Colorado
California
Arizona
Nuevo Méjico
ESTADOS UNIDOS
Océano Pacífico
3

RIESGO DE INUNDACIÓN PRIMAVERAL

- Alto
- Moderado
- Bajo

ESCALA DEL MAPA

0 — 500 millas — 500 kilómetros

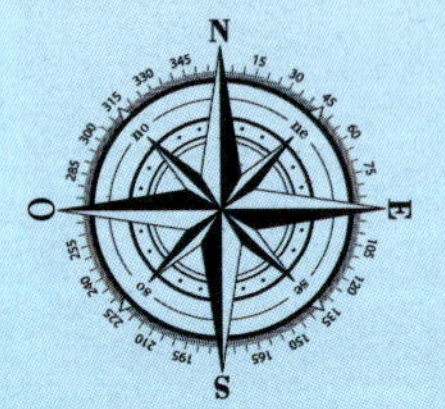

1
Lugar: Galveston, Texas
Fecha: 27 de agosto de 1900
Muertes: 8.000 personas

2
Lugar: Nueva Orleans, Louisiana
Fecha: 23 de agosto de 2005
Muertes: 1.800 personas

Lago Superior
Lago Michigan
Lago Huron
Lago Ontario
Lago Erie
Dakota del Norte
Minnesota
Wisconsin
Michigan
Dakota del Sur
Iowa
Nebraska
Illinois
Indiana
Ohio
Missouri
Kansas
Kentucky
Tennessee
Oklahoma
Arkansas
Mississippi
Alabama
Georgia
Louisiana
Texas
Florida
Maine
Vermont
Nuevo Hampshire
Massachusetts
Rhode Island
Connecticut
Nueva York
Pennsylvania
Nueva Jersey
Delaware
Maryland
Washington, D.C.
Virginia
Virginia del Oeste
Carolina del Norte
Carolina del Sur
Océano Atlántico
Golfo de Méjico
1
2
4
3
Lugar: Cañón San Francisquito
Fecha: 12 de marzo de 1928
Muertes: más de 450 personas
4
Lugar: Dayton, Ohio
Fecha: 21-23 de marzo de 1913
Muertes: 428 personas

Bangladesh es uno de los países con más inundaciones del mundo

Bangladesh es uno de los países con más inundaciones del mundo. La mayor parte de la masa terrestre de Bangladesh es una llanura aluvial. El Ganges y el Brahmaputra son dos de los ríos que atraviesan la región. Estos ríos tienen normalmente 10 millas (16 km) de ancho, pero durante la temporada de lluvias monzónicas, los ríos pueden alcanzar las 100 millas (160 km) de ancho.

En agosto de 2016, 25.000 personas fueron desplazadas por las inundaciones en 16 distritos de Bangladesh.

La región tiende a inundarse porque la mayor parte del país está solo 16 pies (5 m) por sobre el nivel del mar. La inundación anual que se da naturalmente es parte del ciclo agrícola que deposita el suelo fértil que utilizan los agricultores para cultivar arroz y otras cosechas. Pero las inundaciones se están volviendo cada vez más extremas, provocando más daños y muertes. El desarrollo de los países cercanos, Nepal e India, está afectando a las inundaciones de Bangladesh. Las inundaciones son más grandes debido a la pérdida de los árboles por la **deforestación** en Nepal y por las represas construidas en India.

Los ríos Buriganga, Turag, Balu y Lakhya rodean a Dhaka, Bangladesh. Esto hace que la ciudad corra más riesgos de sufrir inundaciones graves.

60.000

En agosto de 2016, las inundaciones de Louisiana provocaron daños en más de 60.000 hogares.

21,900

Las inundaciones de invierno ocurridas entre noviembre de 2015 y enero de 2016 fueron las peores inundaciones del Reino Unido en más de un siglo, generando 21.900 reclamos de seguro.

$33.000 millones

En 2016, las inundaciones en China provocaron daños en todo el país por $33.000 millones.

10-12 pies

En mayo de 2015, el aeropuerto de San Angelo, Texas tuvo que cerrar porque el agua de la inundación llegaba a los 10-12 pies (3-3,7 m) de altura.

El científico estadounidense Robert E. Horton creó la teoría de Horton

La hidrología es el estudio del agua. Este estudio consiste en comprender cómo fluye el agua, cómo se distribuye y cómo se evapora. El hidrólogo estudia cómo se mueve el agua a lo largo y a lo ancho de la corteza terrestre, investigando los ciclos del agua en todo el mundo. Este es el proceso por el cual el agua se recicla constantemente.

Robert E. Horton fue un científico que estudió cómo drenaba el agua de los arroyos. Después de estudiar el flujo del agua por los arroyos, Horton utilizó la matemática para medir la cantidad de agua que fluía hacia un sistema de drenaje y la velocidad a la que se movía. Creó una fórmula matemática llamada la Ecuación de Infiltración de Horton. Esta fórmula mide la infiltración, o filtración del agua en el suelo. También estudió la erosión del suelo y su impacto en la tierra. Descubrió que los cambios en el terreno provocados por la erosión modificaban el flujo de la escorrentía.

Los hidrólogos recolectan datos de las fuentes de agua locales para ayudar a las comunidades a estar preparadas para las sequías o inundaciones. Planificando con tiempo, se pueden tomar medidas que ayuden a la población cuando se produzcan estos eventos.

Uno de los inventos de Horton fue el medidor del nivel del agua. Se instala una escala sobre el agua. La escala tiene una cadena en un extremo y un peso, llamado plomada, en el otro. La plomada se hunde hasta el fondo y la profundidad se muestra en la escala de la superficie.

Los hidrólogos recolectan datos sobre la calidad del agua después de las inundaciones para ver si hay toxinas y buscar la mejor forma de limpiar el suministro hídrico.

Hoy, los hidrólogos continúan usando sus conocimientos de matemática y ciencia para intentar comprender mejor el ciclo del agua. Usan equipos para reunir información que puedan usar para idear un plan que evite o controle las inundaciones. Los hidrólogos crean modelos que predicen la posibilidad de que haya una inundación. Estos científicos pueden trabajar en planificación urbana y gestión hídrica. También pueden trabajar en protección ambiental para evitar la contaminación del agua.

CUADRO DE INUNDACIONES

Cuando un río crece mucho y se desborda a causa del deshielo o las fuertes lluvias, se produce una inundación por desbordamiento. Este tipo de inundación es muy común en todo el mundo. El Servicio Meteorológico Nacional emite alertas cuando un río llega al nivel de desbordamiento. Estas alertas tienen en cuenta los daños materiales que podría causar y el peligro que corre la gente del lugar.

Inundación menor	• Daños materiales mínimos o nulos • El agua puede afectar a la gente del lugar; se pueden cerrar calles y los puentes bajos pueden quedar sumergidos. • La inundación se concentra en un área pequeña.
Inundación moderada	• El agua impacta en algunos edificios y cubre las calles cercanas al centro de la inundación. • Se evacua la gente que vive en los alrededores • Se recomienda trasladar a la gente a lugares más elevados
Inundación mayor	• Se inundan extensas áreas urbanas o rurales • Se deben hacer evacuaciones de personas a gran escala • El agua puede dejar aisladas a las casas, villas y pueblos enteros • Gran peligro para la vida y los bienes • Se deben hacer planes de evacuación de emergencia

Datos curiosos

LA INUNDACIÓN DE 100 AÑOS

Para predecir la posibilidad de una inundación en una región se utiliza un sistema de clasificación. Los científicos recolectan datos y determinan la probabilidad de que ocurra una inundación dentro de un determinado período. Una inundación de 100 años es una gran inundación que solo puede ocurrir una vez cada 100 años. Esto significa que solo hay un uno por ciento de probabilidades de que ocurra una inundación de ese tamaño dentro de un año.

LA URBANIZACIÓN

Las ciudades suelen construirse cerca de vías navegables. Las calles y los edificios de concreto no permiten la fluctuación natural del agua. Los **drenajes pluviales** están diseñados para soportar una determinada cantidad de agua. Si llueve mucho, el sistema puede colapsar. Si hay más agua de la que el sistema de drenaje puede manejar, se producen inundaciones.

JÖKULHLAUP

Jökulhlaup es un término islandés que hace referencia a los lagos embalsados por enormes trozos de hielo. El agua se puede filtrar por estos bloques de hielo. Esto derrite el hielo. El lago se llena cada vez más hasta que la presión del agua rompe los bloques de hielo, generando una inundación repentina que anega las costas del lago.

SUELO CONGELADO

En las regiones del norte, el exceso de precipitaciones durante el invierno puede generar inundaciones. Si el suelo está congelado, no puede absorber el agua de escorrentía. Los científicos miden la cantidad de hielo en el suelo, la cantidad de nieve caída, la temperatura y la cantidad de agua que penetra en el suelo. Juntando todas estas mediciones, pueden crear un modelo de posibles condiciones de inundación.

CLIMA VENTOSO

Los vendavales pueden generar inundaciones. Los vientos extremos que soplan sobre la superficie de un cuerpo de agua, como un mar o lago grande, pueden agitar las aguas y enviarlas con fuerza hacia la costa. Los vientos extremos también pueden afectar la atmósfera terrestre avivando los sistemas climáticos y generando nubes de intensas lluvias.

Se han intentado varios métodos para evitar las inundaciones

A medida que la gente ocupa cada vez más tierras cerca de las vías navegables, crece la necesidad de controlar las inundaciones. Los Países Bajos, por ejemplo, tienen numerosos sistemas para controlar las inundaciones. Casi la mitad de la superficie terrestre de los Países Bajos se encuentra a menos de 3 pies (1 m) por encima del nivel del mar. Las destructivas inundaciones del siglo doce hicieron que los holandeses idearan nuevas formas de controlar el agua. Uno de esos nuevos métodos era un sistema de **molinos de viento**. Unos molinos altos con cuatro velas capturan el viento, haciendo que las velas giren. La energía generada por la rotación de estas velas se usa para hacer girar un **tornillo de Arquímedes**. Este tornillo lleva el agua de un lugar a otro. De esta forma, los molinos ayudan a controlar la cantidad de agua que se asienta en la tierra.

El gran científico griego Arquímedes inventó el tornillo de Arquímedes entre los años 287 y 212 a.C.

En el siglo diecinueve se usaba el vapor para alimentar a las grandes estaciones de bombeo. Estas estaciones bombeaban agua de un área a otra. Hoy, los Países Bajos tienen uno de los sistemas de drenaje de agua más avanzados del mundo. Lo necesitan porque casi dos tercios del país corre el riesgo de inundarse. Los ingenieros del lugar observan la naturaleza para crear mejores sistemas de control del agua. Usan materiales naturales e intentan copiar los sistemas naturales. El objetivo es abrir más espacio para que fluya el agua y no se produzcan inundaciones. La compleja red de sistemas de control de inundaciones que cubre todo el país está compuesta por diques de contención, represas, zanjas de drenaje, llanuras aluviales y canales.

Una zanja de drenaje tiene gran utilidad al costado de las carreteras o campos, ya que evita la acumulación de agua estancada.

En el siglo diecisiete, los ingenieros de la ciudad de Ámsterdam, Holanda, comenzaron a construir canales para llevar el agua de las inundaciones fuera de la ciudad. Hoy, esos canales también sirven como importantes vías de transporte.

Las inundaciones provocan daños multimillonarios

Cuando una represa se rompe o un dique de contención falla, se pueden producir inundaciones muy rápidamente. Pero también se pueden producir lentamente cuando una gran cantidad de agua se mueve corriente abajo y no hay forma de detenerla. Si bien cada inundación es diferente, los daños provocados por las inundaciones son muy similares. En los Estados Unidos, la Administración Nacional Oceánica y Atmosférica (NOAA) está alerta a cualquier signo de inundación. La NOAA informa a los servicios de emergencia locales cuando puede haber una inundación. Se le puede pedir a la gente que no salga. En el caso de inundaciones severas, se puede evacuar a la gente hacia zonas más altas.

El agua de las inundaciones provoca daños masivos. La fuerza del agua destruye casas y negocios. Las construcciones de madera se llenan de moho. Hasta las construcciones de metal y concreto, como puentes y edificios altos, pueden colapsar por la fuerza del agua.

En enero de 2017, las tormentas invernales del estado de California derribaron postes eléctricos y provocaron inundaciones en grandes áreas de San Francisco.

La gente que vive en zonas inundadas pueden estar sin luz ni agua potable por varios días, semanas o incluso meses después de la inundación. Esto puede provocar brotes de enfermedades como fiebre tifoidea, hepatitis A y cólera. Incluso después de que bajan las aguas, quedan toneladas de limo, arena y otros tipos de escombros. La limpieza después de una inundación puede llevar años y costar miles de millones de dólares.

OTROS TIPOS DE DESASTRES

Terremotos

El movimiento de las placas tectónicas de la Tierra hace que la superficie terrestre retumbe y tiemble. Este movimiento puede hacer chocar grandes trozos de tierra, elevándolos o separándolos. Los terremotos pueden causar mucho daño a los edificios y otras estructuras. También pueden provocar otros desastres, como aludes, inundaciones o tsunamis.

Tornados

Una tormenta eléctrica giratoria genera las condiciones necesarias para que un tornado toque tierra. Los científicos no pueden explicar con certeza cómo se forman los tornados. Se forma una nube con forma de embudo que gira alrededor de un centro calmo. Esta nube se mueve con tanta fuerza que puede destrozar edificios y vegetación en un instante.

Aludes

La erosión provocada por la lluvia o las prácticas como la minería, pueden provocar aludes. La tierra de la ladera de una montaña se vuelve muy pesada o se desprende del suelo. Entonces, la gravedad hace que la tierra se deslice ladera abajo. Los aludes pueden ocurrir en forma repentina y moverse muy rápidamente. Eso los hace extremadamente peligrosos. Piedras, lodo y otros escombros caen por la montaña a gran velocidad, destruyendo todo lo que encuentran en su camino. Es por eso que los aludes son uno de los desastres naturales más letales.

La gran inundación y el emperador Yu

China es un país con una larga historia de terribles inundaciones. En la mitología china hay varias historias de inundaciones que se centran en el control de las aguas. Ya en el año 4.000 a.C., los Miaos, un antiguo pueblo chino, habían contado una historia sobre una gran inundación y solo dos sobrevivientes.

En la historia, un dios llamado Ziene y otro dios llamado Trueno intentaron destruir la Tierra con lluvias. Los Miaos no tenían cómo escribir su idioma, por lo que contaban historias memorables para compartir sus conocimientos o registrar hechos importantes.

Las leyendas chinas dicen que la primera dinastía de China nació de una gran inundación.

LA GRAN INUNDACIÓN DE CHINA (2205 a. C.)

Cayeron fuertes lluvias y los campos se estaban llenando de agua que no tenía por donde escapar. El emperador Yao fue a ver a sus consejeras, las cuatro montañas, para preguntarles cómo detener la inundación. Las montañas le dijeron al emperador que contratase a su primo Gun para detener la inundación. El emperador contrató a Gun, quien pidió a un dios que le diera más tierras.

Gun usó la tierra para construir presas y barreras, pero nada de eso sirvió para controlar la inundación. Después de nueve años de desaciertos, otro emperador llamado Shun vino a ayudarlo. Pero varios años después todavía no lograban controlar las inundaciones. Gun perdió su trabajo, que se lo dieron a su hijo, Yu. Yu construyó sistemas de drenaje para reducir las inundaciones. El agua fue dirigida hacia nueve grandes ríos que desembocaban en el mar. El emperador Shun le estaba tan agradecido a Yu que le entregó su corona, en lugar de entregársela a su propio hijo. Ahora, se lo recuerda como el Gran Emperador Yu.

Las inundaciones a lo largo del tiempo

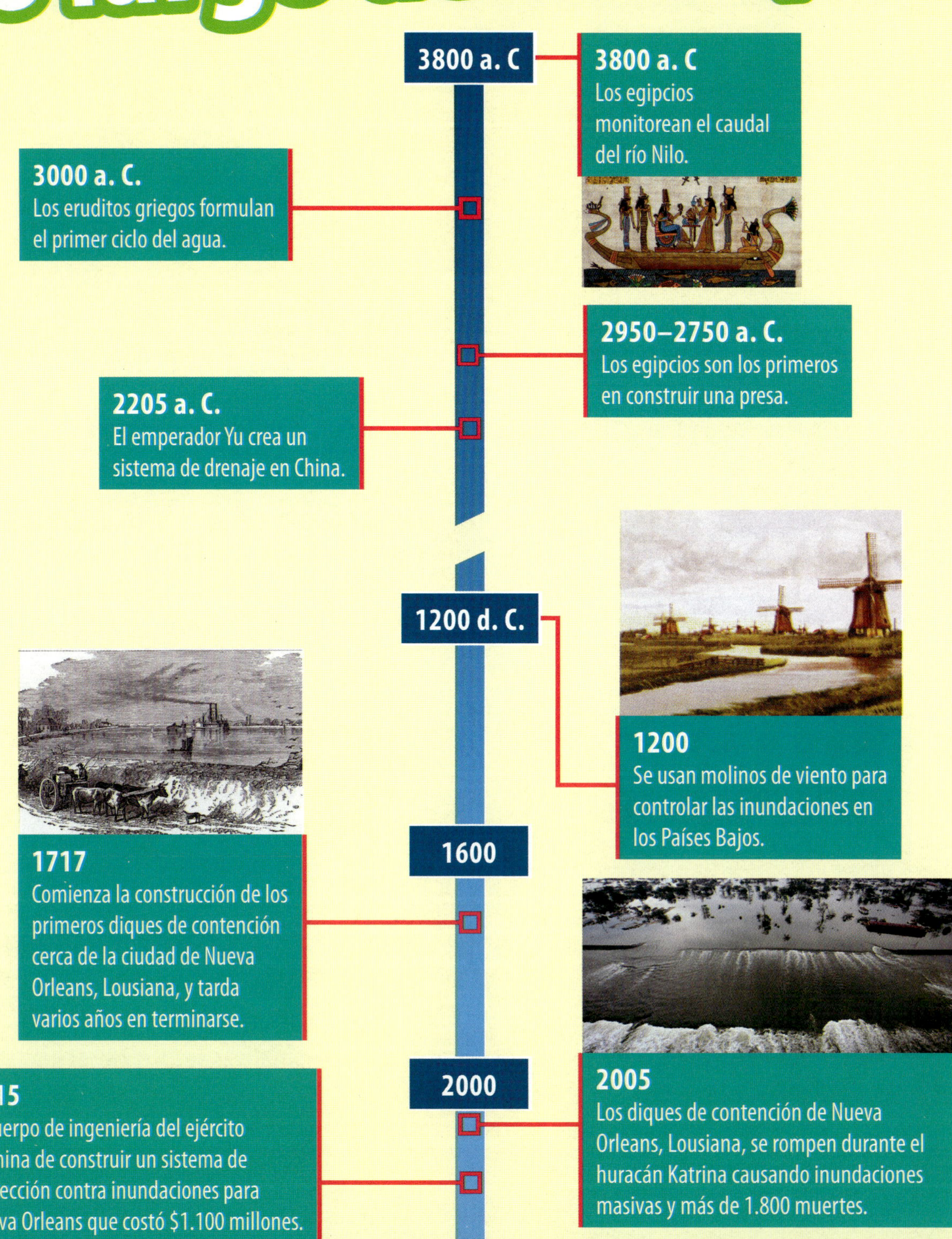

3800 a. C
Los egipcios monitorean el caudal del río Nilo.

3000 a. C.
Los eruditos griegos formulan el primer ciclo del agua.

2950–2750 a. C.
Los egipcios son los primeros en construir una presa.

2205 a. C.
El emperador Yu crea un sistema de drenaje en China.

1200
Se usan molinos de viento para controlar las inundaciones en los Países Bajos.

1717
Comienza la construcción de los primeros diques de contención cerca de la ciudad de Nueva Orleans, Lousiana, y tarda varios años en terminarse.

2005
Los diques de contención de Nueva Orleans, Lousiana, se rompen durante el huracán Katrina causando inundaciones masivas y más de 1.800 muertes.

2015
El cuerpo de ingeniería del ejército termina de construir un sistema de protección contra inundaciones para Nueva Orleans que costó $1.100 millones.

Pon a prueba tus conocimientos

1 ¿Cuál es el proceso que recicla constantemente el agua de la Tierra?

A. El ciclo del agua

2 ¿Cómo mueve el agua un molino de viento?

A. Con un tornillo de Arquímedes

3 ¿Cómo se llaman las barreras construidas a lo largo del río Mississippi?

A. Diques de contención

4 ¿Qué condición climática es la que genera más inundaciones?

A. Mucha cantidad de lluvia en poco tiempo

5 ¿Cuál es una de las razones por las que Bangladesh se inunda más que cualquier otro país?

A. Bangladesh está solo 16 pies (5 m) sobre el nivel del mar

6 ¿Qué país tiene los sistemas de control de inundaciones más avanzados del mundo?

A. Países Bajos

7 ¿Cómo se llama el científico que estudia el agua?

A. Hidrólogo

8 ¿Qué río de China ha causado numerosas inundaciones letales, incluida la más letal registrada en la historia?

A. El río Amarillo

9 ¿Cuáles son algunas de las enfermedades que se pueden propagar en el agua sucia o estancada durante las inundaciones?

A. Fiebre tifoidea, hepatitis A y cólera

10 ¿Qué construyó el emperador Yu para detener las inundaciones en el cuento de la Gran Inundación de China?

A. Sistemas de drenaje

Monitoreo hidrológico

Una de las mejores formas de evitar los daños provocados por las inundaciones es controlar los niveles del agua. Los hidrólogos tienen en cuenta dos cosas al tomar las mediciones. La primera es el volumen del agua, la segunda es el tiempo que tardó el agua en llegar a ese nivel. Puedes hacer un seguimiento de las precipitaciones construyendo tu propio medidor del nivel del agua.

1. Toma la regla, el recipiente plástico y el marcador negro. Usando la regla, marca una línea en el recipiente cada cuarto de pulgada (6 milímetros). Ten en cuenta que el fondo del recipiente es el cero.

2. Con el lápiz y papel, dibuja un gráfico. En la base del gráfico coloca incrementos de tiempo de 0 a 24 horas. El lado izquierdo del gráfico es el volumen de agua, de 0 a 1 pulgada (0 a 25 mm).

3. Espera a que llueva o nieve. Coloca el recipiente plástico a la intemperie para que recolecte la precipitación. Controla el nivel del agua cada hora (menos cuando estés durmiendo) y marca cada vez el nivel del agua en el gráfico.

4. Dibuja una línea uniendo los puntos de tu gráfico. ¿Observaste una gran cantidad de agua de lluvia? Si recolectaste nieve, ¿se derritió? ¿Cuánta agua quedó? ¿Cuánta más agua o nieve debería haber caído para que el recipiente rebose?

Necesitarás

- Recipiente plástico transparente que pueda contener al menos 0,7 onzas (20 mililitros) de líquido
- Marcador negro indeleble
- Lápiz y papel
- Regla

Palabras clave

absorbe: se empapa de líquido

atmósfera: las capas de aire y otros gases que rodean a la Tierra

cuencas: áreas en las que se junta el agua de escorrentía para luego drenar lentamente hacia los ríos

deforestación: la tala de todos los bosques o árboles de un área

diques de contención: montículos de tierra que se colocan a lo largo de los cursos de agua para evitar su desbordamiento

drenajes pluviales: sistemas construidos por el hombre para eliminar el exceso de agua de las áreas urbanas

escorrentía: agua de lluvia o deshielo que fluye hacia los grandes cuerpos de agua

evapora: pasa de estado líquido a gaseoso, como cuando el agua se convierte en vapor

fluctuaciones: movimientos regulares del agua generalmente relacionados con las mareas

limo: arena o arcilla fina que transportan los ríos y las aguas de una inundación

llanura aluvial: depresiones naturales donde se deposita el agua de desbordamiento

marejada ciclónica: crecida anormal del agua del mar generada por una tormenta, por encima del nivel de marea normal

mitigarse: menos destructivas o letales

molinos de viento: molinos impulsados por el viento que remueven el exceso de agua de la tierra

pantanos: áreas que filtran y retienen el exceso de agua

precipitación: agua en forma de lluvia, nieve o granizo que cae de la atmósfera superior

represas: estructuras que bloquean el flujo del agua

sumergida: completamente bajo el agua

tornillo de Arquímedes: tornillo grande que mueve el agua de un lado a otro

Índice

LIGHTBOX

RECURSOS COMPLEMENTARIOS

Haga clic en el signo ⊕ que se encuentra en la esquina inferior izquierda de cada hoja para abrir más recursos para docentes.

- Descargue e imprima los cuestionarios y actividades del libro
- Acceda a las correlaciones curriculares
- Explore otras aplicaciones web que optimizan la experiencia de Lightbox

TÍTULOS DIGITALES DE LIGHTBOX

Incluyen un paquete completo de medios integrados

VIDEOS

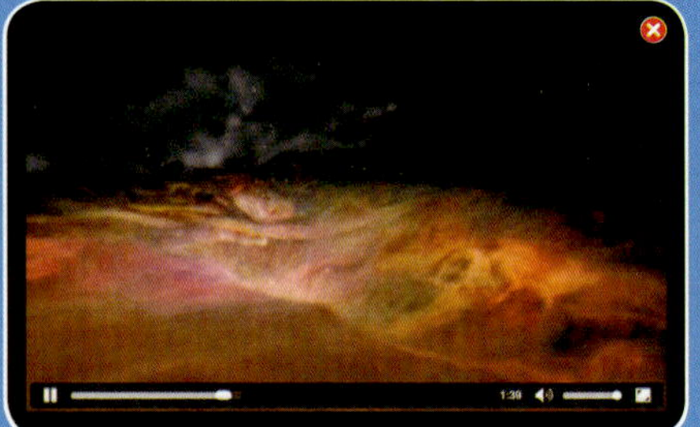

MAPAS INTERACTIVOS

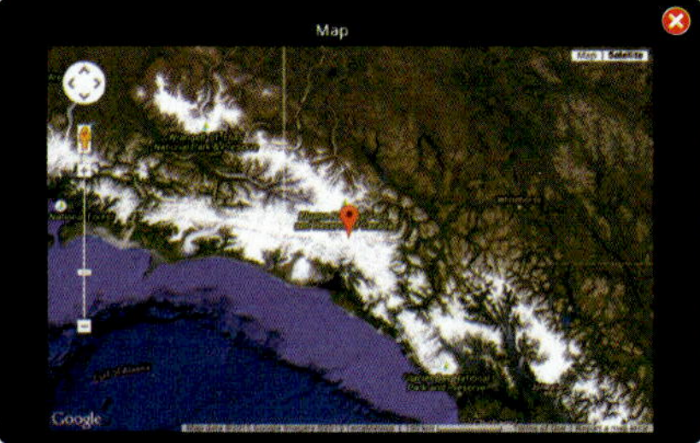

ENLACES WEB

PRESENTACIONES EN DIAPOSITIVAS

CUESTIONARIOS

OPTIMIZADO PARA

- ✔ TABLETAS
- ✔ PIZARRAS ELECTRÓNICAS
- ✔ COMPUTADORAS
- ✔ ¡Y MUCHO MÁS!

Published by Smartbook Media, Inc.
350 5th Avenue, 59th Floor New York, NY 10118
Website: www.openlightbox.com

Spanish Project Coordinator: Sara Cucini
Spanish Editor: Translation Cloud LLC
Project Coordinator: Jared Siemens
Art Director: Terry Paulhus

Library of Congress Control Number: 2017961904

ISBN 978-1-5105-3456-8 (hardcover)
ISBN 978-1-5105-3457-5 (multi-user ebook)

Printed in Brainerd, Minnesota, United States
1 2 3 4 5 6 7 8 9 0 22 21 20 19 18

032018
011518

Every reasonable effort has been made to trace ownership and to obtain permission to reprint copyright material. The publisher would be pleased to have any errors or omissions brought to its attention so that they may be corrected in subsequent printings.

The publisher acknowledges Alamy and Getty Images as its primary image suppliers for this title.